CAPITÃO JOSÉ DE ALMEIDA PEREIRA

Fábio Miranda Rodrigues Miron

CAPITÃO JOSÉ DE ALMEIDA PEREIRA

Edições do Autor

Caruaru – PE

2023

Produção: Fábio Miranda Rodrigues Miron

Capa: Ellen Beatrice da Silva

Editoração e Diagramação: Fábio Miranda Rodrigues Miron

Assessoria e Correção: Fábio Miranda Rodrigues Miron

Impressão: Clube de Autores

Dados Internacionais de Catalogação na Publicação (CIP)
(Câmara Brasileira do Livro, SP, Brasil)

Miron, Fábio Miranda Rodrigues
Capitão José de Almeida Pereira / Fábio Miranda Rodrigues Miron. -- 1. ed. -- Caruaru, PE : Ed. do Autor, 2023. -- (Dossiê ; 2)

ISBN 978-65-00-71083-0

1. Caruaru (PE) - História I. Título. II. Série.

23-158862 CDD-981.34

Índices para catálogo sistemático:

1. Caruaru : Pernambuco : Estado : História 981.34

Aline Graziele Benitez - Bibliotecária - CRB-1/3129

Impresso no Brasil

Dedico esta obra ao Eterno Deus e a todos aqueles que amam e preservam a memória das famílias.

Agradecimentos

Ao Eterno, que sempre me surpreende com achados e descobertas fascinantes.

À minha esposa, que se mantém firme e ao meu lado, sendo meu equilíbrio entre o isolamento das pesquisas e a convivência com meus familiares e amigos.

Aos meus filhos amados, pelo simples fato de serem a minha herança.

Aos meus amados pais Moacir e Terezinha (in memoriam), que me amaram e me deram o melhor que puderam. Amo vocês e os honro com mais esta obra.

Símbolos e abreviaturas utilizados:

★ = Nascimento

ↀ = Casamento

† = Óbito

FS = Familysearch

cc = Casado(a) com

& = Casado(a) com

F = Filho(a)

N = Neto(a)

Bn = Bisneto(a)

SUMÁRIO

Desenho livre a lápis pela artista caruaruense Ellen Beatrice da Silva (Caruaru, Pernambuco, Brasil, 2023).

Para a produção da capa desta obra, convidei a jovem desenhista Ellen Beatrice e expus qual seria o tema e a imagem pretendida, deixando a artista livre para pesquisar e intuir o desenho que mais se aproximasse do perfil do personagem principal deste levantamento documental, surgindo assim este belo desenho.

Introdução

Já li muitas mensagens, dessas que tentam causar algum impacto, dizendo: "quem vive de passado é museu", ou, "o que passou, passou", ou ainda, "não se prenda ao passado". Eu, porém, prefiro as que dizem: "quem não sabe de onde veio, não sabe para onde vai", ou, "conhecer o passado é poupar o futuro".

Depois dos 30 anos de idade, fiquei, como acontece com a maioria das pessoas, mais voltado ao passado, às lembranças, aos aprendizados vividos, tanto meus, quanto dos meus antepassados. Me liguei com laços fortes aos que me antecederam e hoje trabalho em busca de revelar o que está oculto na história da minha família e de muitas outras famílias do agreste de Pernambuco. A ligação que tenho com o passado, não é algo que eu busquei e que consiga explicar ou que eu perceba como um sentimento comum às pessoas em meu redor, pelo contrário, faz perceber-me estranho, diferente, destoante dos meus amigos e parentes, pessoas que amo, mas que não me acompanham na jornada irresistível da pesquisa e da produção de material histórico e genealógico. É 'chamado', que dizem? Então eu tenho esse chamado, pois é mais forte do que eu. Não dá para controlar o impulso.

Em um desses dias de 'impulso', me veio à lembrança o nome de um velho fazendeiro do agreste, do qual 'garimpei' muita documentação. Falo do Capitão José de Almeida Pereira, que pela quantidade de documentos que o cita, e pelas pessoas e circunstâncias em que esteve envolvido, o escolhi para ser a pessoa do segundo levantamento documental da série dossiê.

Esta obra foi organizada em três capítulos. No primeiro capítulo, apresento de forma cronológica, com imagens e transliteração, os 16 documentos em que aparece o Capitão José de Almeida, e contribuo com pequenos comentários. Exibo no segundo capítulo a árvore genealógica de José de Almeida Pereira, que foi um grande proprietário de terras do Carurú. No terceiro capítulo, faço uma pequena análise, inferindo a linha do tempo do Capitão e comento a importância deste grande homem para Caruaru.

Primeiro Capítulo

O Capitão José de Almeida Pereira, do Carurú

As contínuas leituras que fiz e a frequência com que um determinado fazendeiro foi mencionado nos documentos relativos ao Carurú do século XVIII, aliadas à importância que percebí do papel dele, me fizeram elegê-lo como a segunda personagem para integrar o grupo de personalidades arroladas na série dossiê. Me refiro ao Capitão José de Almeida Pereira.

A notícia mais antiga dos Almeida Pereira que encontrei em Pernambuco é de uma solicitação do Capitão de uma da companhias do Terço dos Henriques da Praça do Recife chamado Vitorino Pereira da Silva, em 1744, mas, encontrei outro documento, datado do ano de 1747, o qual é um pedido de confirmação de Carta Patente de um Capitão de uma das Companhias do mesmo Terço dos Henriques da Vila de Goiana chamado Manoel de Almeida Pereira. Este requerimento nos dá algumas informações importantes, porque menciona um pequeno histórico da carreira do solicitante e declara que o requerente é filho do já citado Vitorino Pereira da Silva, que era casado, natural de Recife e também era Capitão de uma das Companhias do Terço dos Henriques na Praça do Recife. Pode existir ligação familiar entre esses Capitães de Goiana/Recife e os Almeida Pereira que subiram para o agreste central, para as ribeiras do rio Ipojuca.

Imagem da terceira página do requerimento de confirmação de Carta Patente de Manoel de Almeida Pereira (1747), AHU Arquivo Histórico Ultramarino, Projeto Resgate, AHU_ACL_CU_015, Cx. 68\Doc. 5738.

Dom Marcos de Noronha [?] de S. Mag. Governador Capp^{m} General de Pern^{co} mais Cappitanias aneixas vos fasso saber aos que esta Carta patente virem que quanto se acha vago o posto de Cappitão de huma das Companhias do 3° dos Henriq^{s} desta Cappitania de q he M^{e} de campo Braes de Brito Souto, que vagou por Paullo Vaes Maciel que servia se auzentar a mais de dous anos da Villa de Goyana donde he o destino da dita Companhia, nam aparecer na mostra geral que nella passey, e dever provello em pessoa de suficiencia capacidade servissos e mereçimentos; havendo respeito aqui na pessoa de ***Manoel de Almeida Pereyra*** *concorrente dos [?] requisitou as mais partes necessarias, tanto pello bem que tem servido a V.Mag^{e} no d^{o} termo em praça de soldado, Cabo de Esquadra e ajudante supra que actual mente se acha exercendo com muita saptisfação zello e atividade contudo o deque foi emcarregado do Real servisso, saptisfazendo a sua obrigação com pronpta obediencia na execução das ordens dos seus oficiaes mayores como por ser* ***filho de Vitorino Pr^{a} cappitam do mesmo 3°*** *se distinguir entre os do seu aceidente pello seu honrrado procedimento esperando que daqui emdiante se haverâ da mesma forma, e múito como deve a comfiança que faço da sua pessoa: Hey p bem na forma do Cap^{o} [?] do regimento deste [?]*

> *denomear ao dt^{o} Manoel de Almeida Pr^{a} no referido posto de Cappitam da dita Companhia do destrito da Villa de Goyanna qui vagou como fica dt^{o} a qual terâ as praças da sua lotação com todos officiaes, Nam haverá soldo algum, maes gozará de todas as honraes grassaes franquezaes privilégios liberdades e exençoens que em razam do seu porto lhe pertencerem. Pello que Ordeno ao dt^{o} M^{e}. de Campo lhe dé posse e juram^{to} de que tomará açento nas contaes desta aos officiaes e soldados seus subalternos que em tudo lhe odedeção como devem e sam obrig^{ds} em firmeza do q lhe mandey pasar a prezente por mim asignada e sellada com o signete de minhas armaes que o registará na secretaria desta [?] e Vedoria geral Dada na Praça do R^{e} de Pernambuco, Manoel Coelho de Souza [?]* ***anno de Mil setecentos quarenta e sete*** *o secretario José Antunes a fes e escreveo.*

Com relação à chegada da família Almeida Pereira ao Vale do Ipojuca, desde muito cedo se vê a presença deles no agreste de Pernambuco, constatada por um documento de procuração encontrado no antigo livro de notas do Ararobá, feito pelo casal Mathias de Almeida Pereira e sua mulher Quiteria dos Anjos Barbosa em 1750.

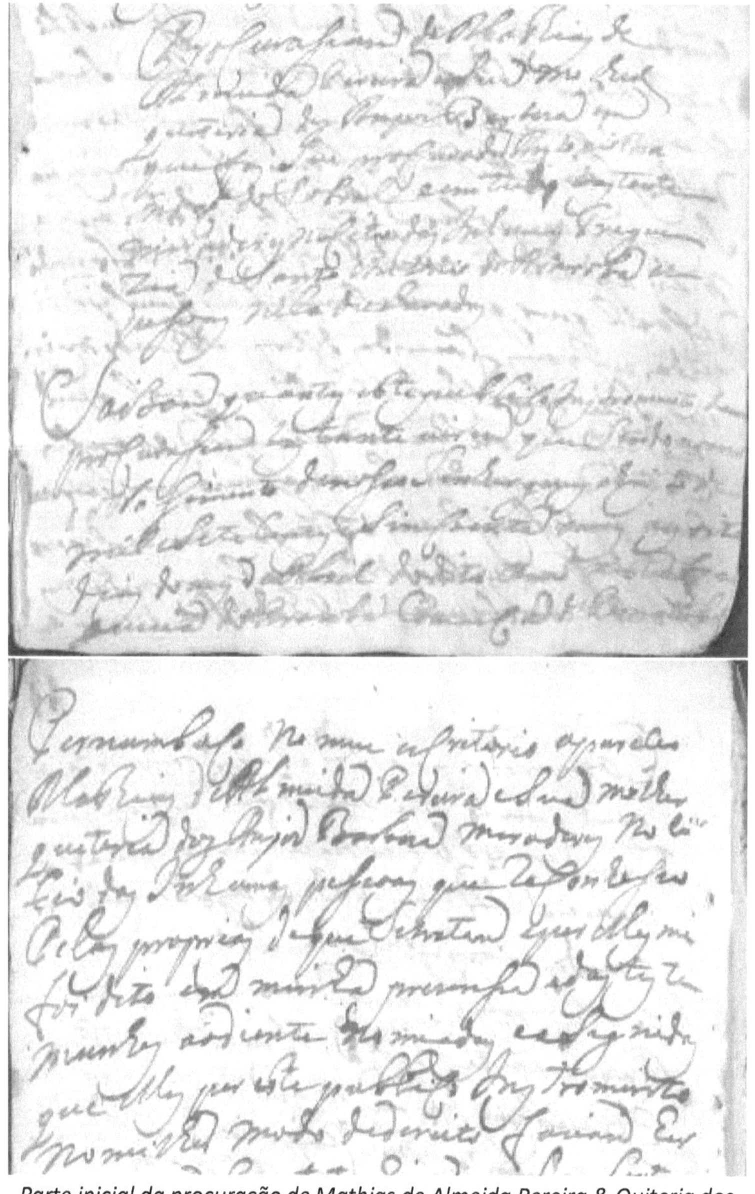

Parte inicial da procuração de Mathias de Almeida Pereira & Quiteria dos Anjos Barbosa, moradores nas Inhumas (1750), Familysearch, Orlando Cavalcanti. Cx. 157-b, pg 97-98.

Procurasam de Mathias de Almeida Pereira e de sua molher Quiteria dos Anjos Barbosa em que fas seu procurador Antonio Brandão de Sobral em tudo bastante moradores no citio das Inhumas Freguezia de Santo Antonio do Araroba as pessoas nela declaradas.

Saibam quantos este publico instromento de procurasam bastante virem que sendo no ano do nascimento de nosso Senhor Jesus Christo de ***mil e sete centos e sincoenta*** *anos aos oito dias do mes de Abril do dito anno nesta freguezia do Araroba Comarca de Pernambuco no meu escritorio apareceo* ***Mathias de Almeida Pereira*** *e sua molher Quiteria dos Anjos Barbosa* ***moradores no citio das Inhumas*** *pessoas que reconhesso pelas proprias de que se tratam e por eles foi dito em minha presenssa e das testemunhas ao diante nominadas e asignadas que ellas por este publico instromento no milhor modo de direito [...]*

Não consegui até o momento comprovar se existe uma ligação parental entre Mathias de Almeida Pereira e José de Almeida Pereira, mas os mesmos sobrenomes, a contemporaneidade entre ambos e a proximidade geográfica (Inhumas, região de Belo Jardim. O Carurú, em Caruaru) me fazem crer que eram irmãos.

Após a década de 1750 passam-se muitos anos sem documentação dos Almeida Pereira, e só voltam a aparecer notícias, em documentos de batismo a partir de 1773, quando naquela década são registrados vários netos do Capitão José de Almeida Pereira. O documento encontrado é o primeiro em mais de 20 anos de silêncio documental dos Almeida Pereira no agreste e o primeiro que menciona o Capitão José de Almeida Pereira. O registro também informa que o Capitão e a esposa eram naturais de Santo Antão. O batismo é da filha de um filho do Capitão, o que pode servir como base para situar no tempo a probabilidade do ano de casamento do Capitão. Se eu considerar que o pai da criança tinha 20 anos quando a filha nasceu então eu tenho o nascimento do pai da criança aproximadamente em 1753. Se o pai da criança nasceu aproximadamente naquele ano, o Capitão, que era avô da criança, teria se casado entre 1745 e 1753. A Capela dos Bezerros, inaugurada em 1768, ainda não existia, o que me leva a concluir que o casamento foi realizado na Vila de Santo Antão, onde José de Almeida Pereira viveu os primeiros anos de seu matrimônio e onde lhe nasceram os primeiros filhos. O registro seguinte, embora em estado avançado de deterioração, fornece muita informação e situa o filho do Capitão José de Almeida no Carurú, como se vê.

Recorte de Imagem de Fragmento de batismo (1773), Familysearch, Livro de Batismo 1772-1780, p 22

[...] legitima de Manoel de [...]eyda Pereira e de [...] nesta moradores no Carurû [...] batizad[...] aos vinte sete de Novembro de mil sete sent[...] setenta e tres [...] teve os santos oleos neta paterna de ***Jose d[...] Almeyda*** *[...] [...]lher Maria do Valle Pereyra natura[...] de [...]to Ant[...] [...]ernidade de Baltazar Pereira de Mattos e de sua molher [...] Azevedo naturais da Luz, forão Padrinhos [...] sua molher Rosa Maria moradores nes[...] fis este que asiney.*

Lourço [...]

Cura d[...]

Em 28 de abril de 1776 o Capitão José de Almeida Pereira e sua mulher ainda eram relativamente jovens quando lhes nasce mais um filho. No importante registro de batismo, é citado os avós paternos e maternos da criança. É importante mencionar que este é o único registro de batismo de filho do Capitão que cita os avós. Neste registro os avós paternos da criança têm os mesmos nomes dos pais da criança, o que me faz pensar na possibilidade de equívoco do escrivão no momento de registrar o ato. Infelizmente não localizei outro documento que possa confirmar ou negar as informações. Segue a imagem do registro e a transcrição.

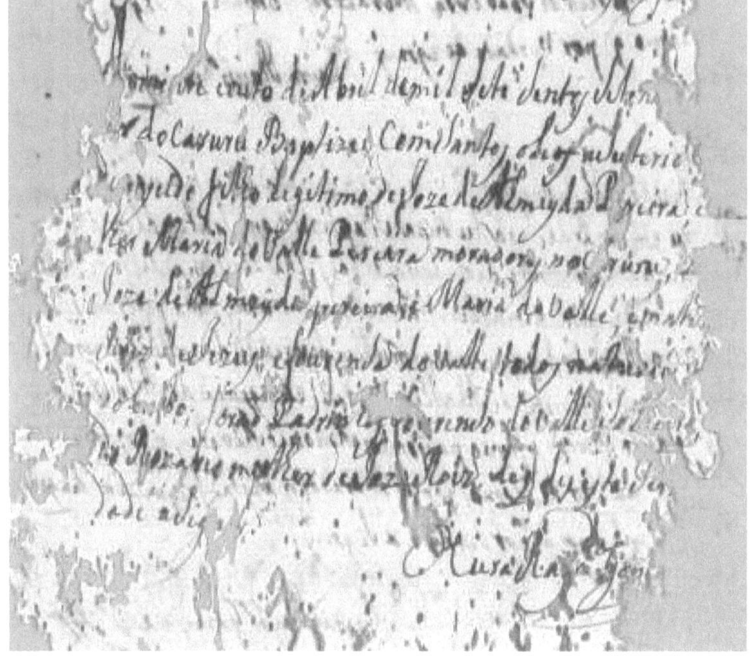

Recorte de Imagem de Fragmento de batismo (1776), Familysearch, Livro de Batismo 1772-1780, p 58.

*Aos vinte e oito de Abril de mil sete sentos seten[...] [...]r do Caruru Baptizei com santos oleos a **Suterio** [...] de [...]scido filho legitimo de **Joze de Almeyda P[...]reira**, e [...]lher Maria do Valle Pereira moradores no C[...]ruru, [...] Joze de Almeyda Pereira e Maria do Valle, e mate[...] Roiz de Jesus e Lourença do Valle todos naturais do Cabo; forão Padrinhos Lourenso do Valle sol[...] [...] do Rozario mulher de Joze Roiz, de q fis este ter[...] [...]dade asid[...].*

O Cura Ray^{do} Gon[...]

A primeira informação que retiro deste registro apresentado é que o casal ainda estava em idade fértil, e ao passo que lhe nasciam netos, ainda nasciam filhos em 1776. A segunda informação é bem importante e os localiza em Caruaru, pois está escrito que eram moradores no Carurú. A terceira informação extraída, e muito relevante para Caruaru, é que o Capitão José de Almeida era aparentado de José Rodrigues de Jesus, pois o registro cita os avós maternos da criança, que são os pais de José Rodrigues de Jesus, já apresentados por mim em minha obra anterior, Baú de Memórias (2021); portanto, o Capitão José de Almeida Pereira era cunhado do Capitão José Rodrigues de Jesus.

Um outro registro de batismo, no mesmo ano de 1776, menciona José de Almeida Pereira como avô de uma criança. O documento, por razões de mal estado de conservação, não exibe o nome da criança.

Recorte de Imagem de Fragmento de batismo (1776), Familysearch, Livro de Batismos 1772-1780, p 62.

Aos coatro d'Agosto de mil sete centos e setn[...] lugar do Carûrû b[...]ptizei e pus os santos oleos [...] hum mês de nascido filho legitimo de Dion[...] sua mulher Lourença de Almeida Per[a] morado[...]s no [...] neto paterno de João Alv[s] Vidâl e de sua mulher Felipa Nery [...] materno de ***Jose de Almeida e Maria do Valle*** *de Santo An[...] [...]oradores, fourão Padrinhos João Alv[s] Vidal, viúvo [...] Maria da da Conceição filha de Jose de Almeida e de sua [...] Maria do Valle moradores nesta freguezia do que fis este ter[...] que por verdade asinei.*

O Cura Rayn[do] Gomes da S[a]

1779 foi um ano de grande alegria para o Capitão José de Almeida, pois naquele ano foram realizados os batismos das netas gêmeas Cosma e Ritta, filhas de Manoel de Almeida Pereira. As párvulas nasceram em 30 de julho daquele ano e foram batizadas pelo Cura Manoel da Assumpção/Ascenção. O registro faz menção do viúvo João Alves Vidal como padrinho de Ritta. João Alves Vidal ou João Alvares Vidal, era avô de Maria do Rosário, que era esposa de José Rodrigues de Jesus. É importante perceber que os registros de batismos das gêmeas, bem como vários batismos do Carurú desde 1772, foram realizados alí mesmo no Carurú, com a visita frequente do Cura à povoação, e por muitas vezes realizados na casa de João Fernades de Souza, como explicitam alguns registros.

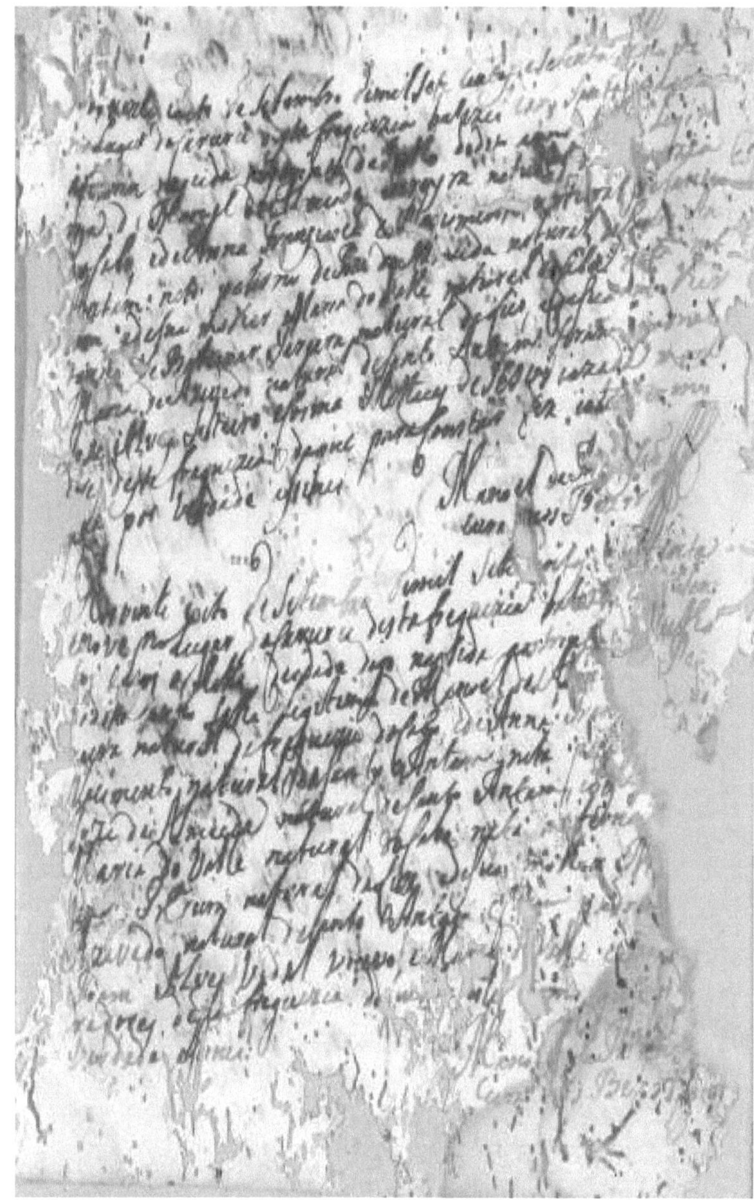

Recorte de Imagem de Fragmento de batismos (1779), Familysearch, Livro de Batismos 1772-1780, p 138.

Aos vinte eoito de setembro de mil sete centos e setenta e nove no lugar do Caruru desta freguezia batizei com Santos oleoa ***Cosma*** *nascida aos trinta de julho do dito anno f[...] legitima de Manoel de Almeida Pereyra natural d[...] [...]guezia do Cabo, e de Anna Francisca do Nascimento natural de Santo Antam: neta paterna de* ***Joze de Almeida*** *natural de Santo Antam, e de sua molher Maria do Valle natural do Cabo neta materna de Baltazar Pereira natural da Lus, e de sua molher Maria de Azevedo natural de Santo Antam. Foram padrinhos Joze Alves solteiro e Cosma (Mattias?) de JESUS cazada moradores desta freguezia: do que para constar fiz este termo que por verdade assinei.*

Manoel da Ass[...]são

Cura nos Bezerros

Aos vinte eoito de setembro de mil sete [...]entos [...] enove no lugar do Caruru desta freguezia batizei [...]tos oleos a ***Ritta*** *de idade digo nascida aos trinta d[...] julho do dito anno filha legitima de Manoel de Alm[...] Pereira natural da freguezia do Cabo, e de Anna Fran[...] do Nacimento natural de Santo Antam: neta pa[...]* ***Joze de Almeida*** *natural de Santo Antam, e de su[...] Maria do valle natural* *do Cabo: neta materna [...]zar Preira natural da Lus, e de sua molher M[...] Azevedo natural de Santo Antam. Foram padrin[...] Joam Alves Vidal viúvo, e Maria do Valle cazad[...] [...]radores desta freguezia. Do que f[...]z este [...]rmo que p[...] verdade assinei.*

Manoel da As[...]ps[...]

Cura nos Bezerr[...]

Ainda em 1779, no final do ano, nasceu mais um neto do Capitão José de Almeida, filho de sua filha Maria da Conceição da Santa Cruz.

Recorte de Imagem de Fragmento de batismos (1779), Familysearch, Livro de Batismos 1772-1780, p 145.

> *[...] licença mi[...] a [...] [...]cido aos tres de Dezembro [...] natur[...] de Francisco Joze Florens[...] natu[...] várzea e de sua molher Maria da Cons[...] [...] natural de Santo Anta[...] patern[...] de Joze Gon[...]ves Florensio e de sua molher Eugen[...] de Almeida [...]reira naturaes da freguezia da Varzea [...] [...]aterna de* ***Joze de Almeida Pereira****, e de sua molher Maria do Valle Pereira naturaes de Santo Antam. Foram padrinhos o Reverendo Vigario de Santo Antam Manoel da Fon[...]a Neves, e Eugenia de Almeida Pereira viuva e moradora [...] Santo Antam: de que para constar fiz este termo que por verdade assinei:*
>
> *Manoel da Ascensam*
>
> *Cura nos B[...]*

Observei neste registro acima a presença do Vigário de Santo Antão como padrinho de batismo, além da viúva Eugenia de Almeida Pereira. Essa Eugênia é provavelmente a mãe de Maria do Rosário, que é esposa de José Rodrigues de Jesus. Há a possibilidade de Eugênia ser mãe ou irmã do Capitão Jose de Almeida Pereira. Sendo assim, o Capitão José de Almeida é parente próximo de Maria do Rosário, bem como, já se constatou, que sua esposa Maria do Valle é irmã de José Rodrigues de Jesus. Esta situação de proximidade não é percebida somente pelos laços sanguíneos comprovados em documentos, mas notei a grande afinidade que os casais José de Almeida Pereira & Maria do Valle, e José Rodrigues de Jesus & Maria do Rosário tinham, constatando as vezes com que esses casais se frequentavam nos eventos familiares.

Em outubro de 1782, a Capela do Carurú havia sido inaugurada e batismos já eram realizados lá. O Capitão José de Almeida foi padrinho de batismo de sua neta Maria, em dezembro daquele ano.

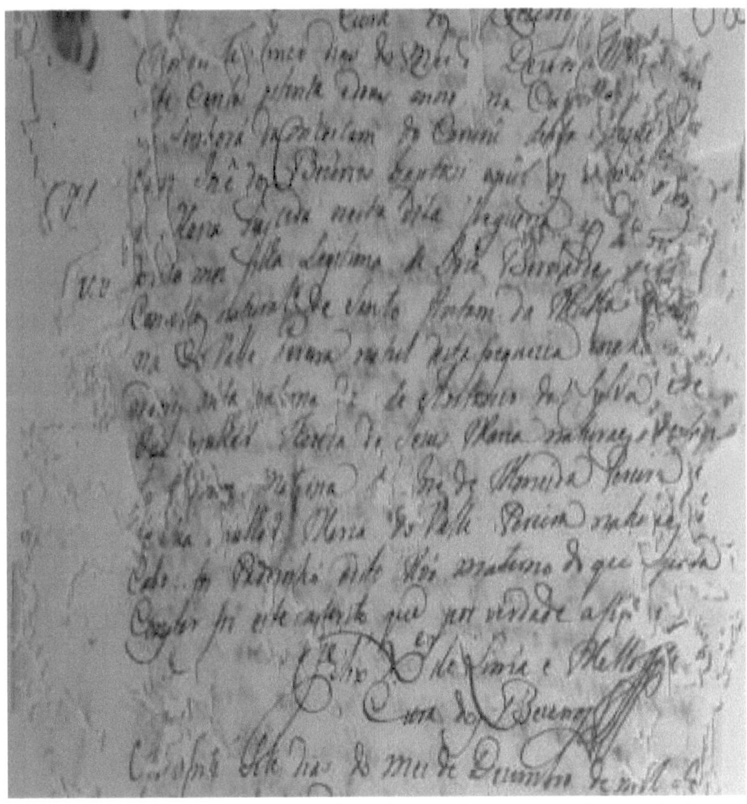

Recorte de termo de batismo (1782) Livro de Batismos da Matriz dos Bezerros, período 1780-1788, Imagem 62.

Aos vinte sinco dias do mez d[...] Dezem[...] sete centos oitenta e dous anno[...] na Capella [...]sa senhora da Conceiçam do Carurû desta fregue[...] Sam Josê dos Bezerros baptizei e pûs os santos [...]eos a Maria nascida nesta dita freguezia aos [...] do dito mez filha legitima de Jose Bernardes [...]concellos natural de Santo Antam da Matta [...]ria do Valle Pereira natural desta freguezia e nela [...]radores: neta paterna de Antonio da Sylva e de sua mulher Thereza de Jesus Maria naturaes de Santo Antam materna de ***Jose de Almeida Pereira*** *e de sua mulher Maria do Valle Pereira naturaes [...] Cabo: foi* ***Padrinho o dito Avó materno*** *do que para constar fis este assento, que por verdade as[...]*

Felix X^{er} de Lima e Mello

Cura dos Bezerros

Ainda naquele ano de 1782, a filha do Capitão, que tinha o mesmo nome da mãe, Maria do Valle Pereira, se casa. O documento está bastante deteriorado, mas é possível extrair algumas informações, como se vê na transcrição a seguir.

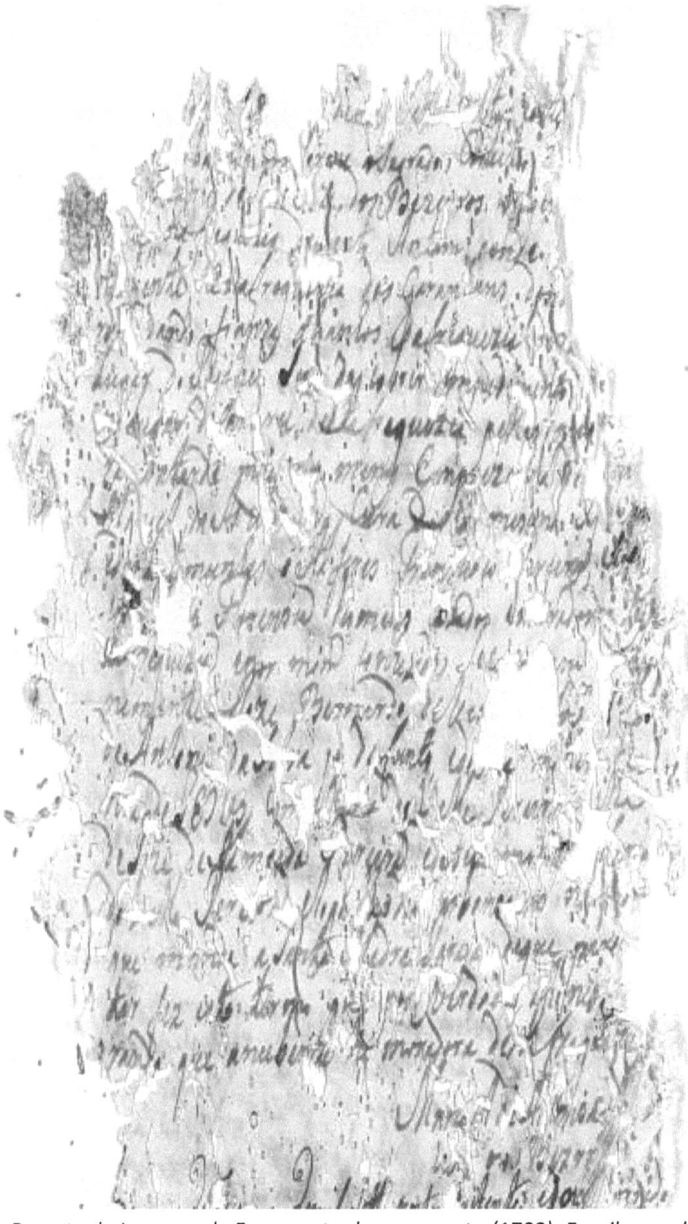

Recorte de Imagem de Fragmento de casamento (1782), Familysearch, Livro de casamentos 1782-1791, p 26.

[...] de m[...] se[...] [...]tos oite[...] [...] o sagrado concilio [...] na freguezia de Santo Antam donde [...]hente e na freguezia dos Garanhuns donde [...] dando [?] da freguezia d[...] lugar do Pajahu sem descobrir impedimento [...] Lugar do Caruru desta freguezia pellas [...] [...]ras da tarde [...] p[...] menos Em prezença d[...] Manoel da Asc[...] Cura de[...] mesma [...] t[...]temunhas o Alferes Francisco Pereira, e [...] Florensio homens cazados e morador[...] freguezia e por mim conhecidos se [...]m [...]nemente Joze Bernardo de Va[...]los [...] de Antonio da S[...]lva já defunto, e de s[..]a molher The[...]a de JESUS, com ***Maria do Valle Pereira filha de Joze de Almeida Pereira*** *e de sua mo[...] [...]ria do Valle Pereira e logo [...] na for[...] que manda a Santa Madre Igreja de que para [...]tar fiz este termo que por verdade assinei.*

Manoel de A[...]sam

Cura nos B[...]ze[...]

No ano seguinte, o fundador da Capelinha de Nossa Senhora da Conceição do Carurú, José Rodrigues de Jesus, estava muito satisfeito, pois estava batizando na capela recém-inaugurada, seu filho Jose, de 26 dias de nascido. Compareceu ao ato o também Capitão e cunhado José de Almeida Pereira, o qual foi padrinho da criança.

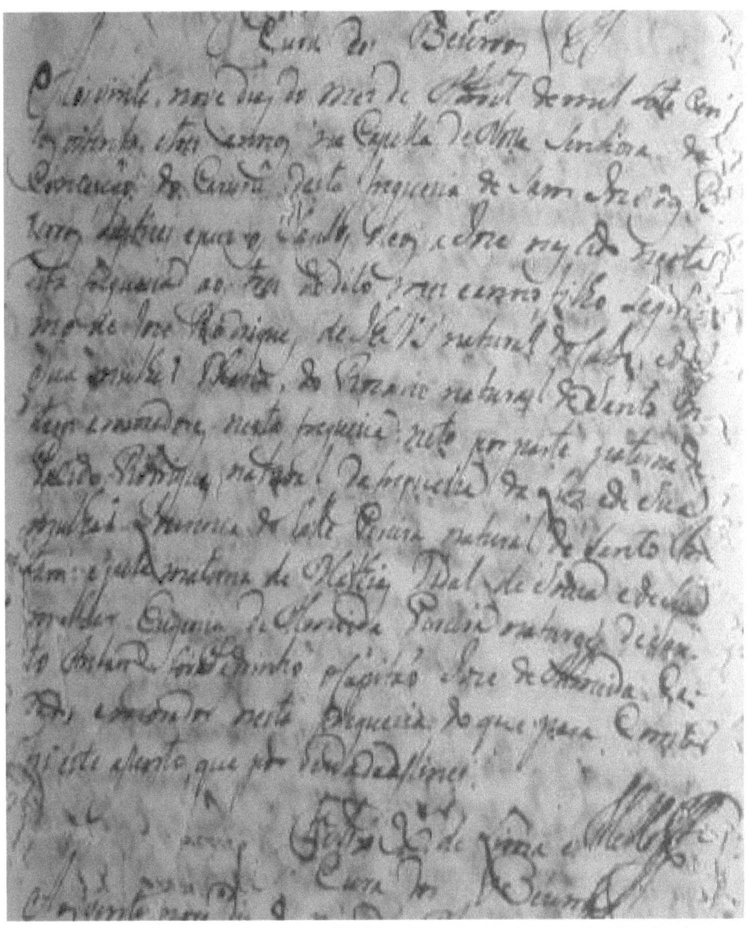

Recorte de termo de batismo (1783) Livro de Batismos da Matriz dos Bezerros, período 1780-1788, Imagem 78.

Aos vinte nove dias do mez de Abril de mil sete centos oitenta e tres annos na Capella de Nossa Senhora da Conceição do Carurû desta freguezia de Sam Jose dos Bezerros baptizei e puz os Santos oleos a ***Jose*** *nascido nesta dita greguezia aos trez do dito mez e anno,* ***filho legitimo de Jose Rodrigues de JESUS natural do Cabo, e de sua mulher Maria do Rozario natural de Santo Antam*** *e moradores nesta freguezia: neto por parte paterna de Placido Rodrigues natural da freguezia da Luz e de sua mulher Lourença do Valle Pereira natural de Santo Antam: e pela materna de Mathias Vidal de Souza e de sua mulher Eugenia de Almeida Pereira naturaes de Santo Antam.* ***Foi Padrinho o Capitão Jose de Almeida*** *casado e morador nesta freguezia; do que para constar fiz este assento, que por verdade assinei.*

Felix X[er] de Lima e Mello

Cura dos Bezerros

É certo que a exemplo de todo proprietário de terras e criador de gado do final do século XVIII, o Capitão José de Almeida também possuía escravos, não sabendo eu precisar a quantidade, mas alguns registros de batismos comprovam a existência deles e citam seus nomes. Este próximo documento exibido, além de mencionar escravos do Capitão, relata também que José de Almeida realizou batismos de crianças nascidas em perigo de vida, como foi o caso do filho de sua escrava Maria.

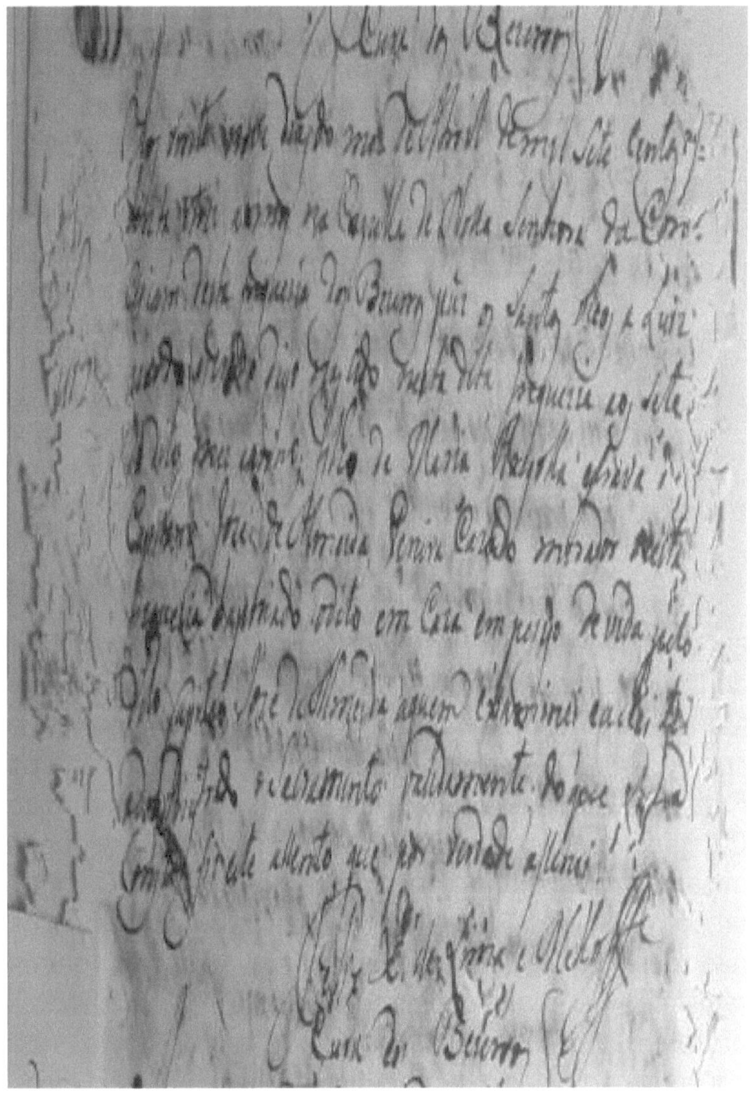

Recorte de termo de batismo (1783) Livro de Batismos da Matriz dos Bezerros, período 1780-1788, Imagem 78.

Aos vinte nove dias do mez de Abril de mil sete centos oitenta e trez annos na Capella de Nossa Senhora da Conceiçam desta freguezia dos Bezerros pûz os santos oleos a ***Luiz*** *pardo escravo, digo, nascido nesta dita freguezia aos sete do dito mez e anno; filho de* ***Maria*** *Angolla* ***escrava do Capitam Jose de Almeida Pereira*** *cazado morador nesta freguezia* ***baptizado*** *o dito em caza em perigo de vida* ***pelo dito Capitão Jose de Almeida*** *aquem examinei e achei ter administrado o sacramento validamente; do que [...]a constar fiz este assento, que por verdade assinei.*

Felix X^er de Lima e Mello

Cura dos Bezerros

No ano seguinte, em fevereiro de 1784, mais um filho do Capitão José de Almeida se casa, desta vez, Eugenia Maria, em cerimônia na Capela do Carurú. O casamento contou com a presença das testemunhas o Alferes Francisco Pereira e João Bernardes, este último, genro do Capitão e cunhado da noiva. Este documento é o segundo mais antigo registro de casamento dos filhos do Capitão, embora se saiba, pelos termos de batismos dos netos nascidos na década de 1770, que existiram outros registros de casamentos, porém, não localizados, provavelmente perdidos para sempre, pela má conservação do acervo paroquial ao longo dos séculos.

Recorte de Imagem de Fragmento de casamento (1784), Familysearch, Livro de casamentos 1782-1791, p 46.

> *[...] o contrahente [...] freguezia donde he natural a contrahen[...] moradores sem se desco[...] impedimento [...] ca[...]nico como consta das certidões dos banhos [...] meu poder ficão se receberão em ma[...]monio [...] prezente em prezença de mim Cura desta fregue[...] do reverendo Padre Luiz Barbalho de [...] prezentes por testemunhas o Alferes Francisco Pe[...] J[...]e Bernardes homens cazados desta freguezia, pe[...] de mim recon[...]cidas Luis Carlos da Sylva natura[...] freguezia de Santo Antão, e morador nesta, filho le[...] de Antonio da Sylva já defunto, e de sua mulh[...] [...]za de JESUS Maria; e Eugenia Maria [...] natural e moradora desta freguezia: filha legitim[...]* ***Jose de Almeida Pereira*** *e de sua mulher Maria [...] Pereira; e logo receberão as benções nupciaes [...] Ritual Romano, do que para constar fiz [...] assento, que por verdade assinei.*
>
> *Felix X^er^ de Lima e Mello*
>
> *Cura nos B[...]ze[...]*

Em 1788, José de Almeida volta a ser mencionado em um registro de batismo do párvulo Antônio, filho de sua escrava Maria e nascido em perigo de vida, sendo batizado pelo próprio Capitão.

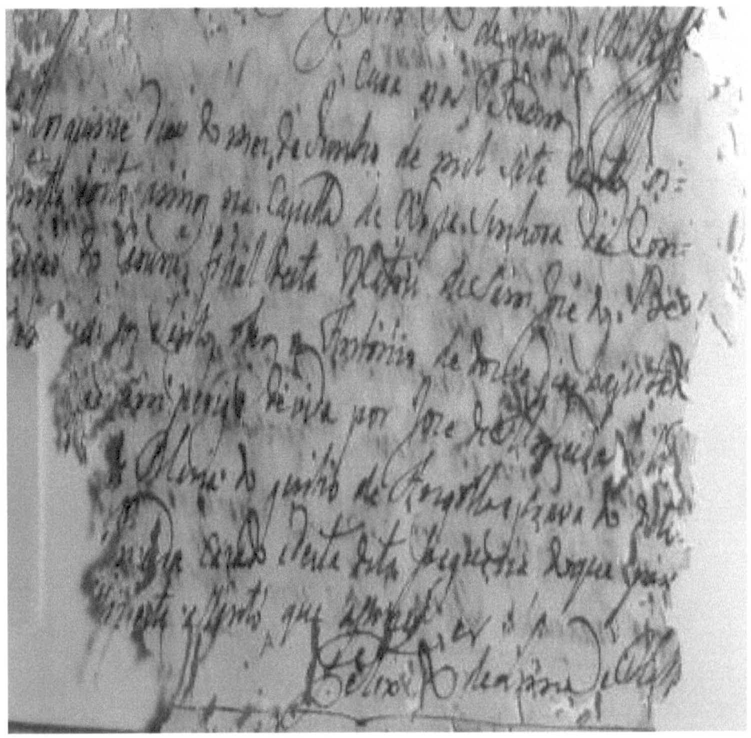

Recorte de termo de batismo (1788) Livro de Batismos da Matriz dos Bezerros, período 1780-1788, Imagem 272.

Aos quinze dias do mez de Junho de mil sete centos oitenta e oito annos na Capella de Nossa Senhora da Conceição do Carurû filial desta Matriz de Sam Jose dos Be[...] os Santos oleos a Antonio de douse ***dias baptizad[...] [...] em perigo de vida por Jose de Almeida*** *[...] de Maria do gentio de Angolla escrava do dito [...]meida cazado e desta dita freguezia, do que par[...] fiz este assento, que assinei.*

Felix X de Lima e Mel[...]

Um dos documentos mais importantes relacionados a Caruaru e que cita sítios e donos de terras, foi localizado também no Arquivo Orlando Cavalcanti, e se trata de uma Escritura de Ratificação de venda de terras em 1790. As terras estão situadas nas margens do Ipojuca e são mencionados locais que ainda hoje são conhecidos pelos mesmos nomes. Vejamos abaixo o recorte do documento:

Recorte de Imagem da Ratificação de Venda de terras de Alexandre Muniz de Mello (1790), Familysearch, Arquivo Orlando Cavalcanti Cx. 152-f, p 85.

Escritura de Ratificasam da venda de hum pedaso de terras na Ribeira de Ipojuca que fazem Alexandre Munis de Mello e sua mulher a Francisco Perª Xavier (?)

Em nome de Deos amen saibam quantos este publico instrumento de Escritura de Ratificasam de venda virem que no anno do Nascimento de Nosso Senhor Jesus Christo de mil sete centos e noventa aos dous dias do mês de Fevereiro do dito anno nesta fazenda da Caxoeira Ribeira de Unna do termo e julgado de Santo Antonio de Garanhuns capitania e comarca de Pernambuco ahi apari(?) presentes Alexandre Munis de Mello por si como procurador de sua mulher Roza Benta Joaquina como vendedores e Francisco Pereira [...] como comprador este morador na Ribeira de Ipojuca termo [...] de Olinda e aquelles neste termo todos de mim reconhecido[...] [...] e pelo vendedor por si em nome [...] foi dito perante as testemunhas abaixo nomeadas [...] que eles seram senhores e possuidores de mansa e pacifica [...] de ***hum pedaso de terra na Ribeira de Ipojuca em que comprihende os brejos denominados o da mulata Brejo da Palmeira e Brejo de João Dias os quais dividem na forma seguinte, pella parte do nascente com terras de Carlos de Azevedo e Miguel Leite,***

> ***pella do poente com terras do Carurú das quais he senhor Joze de Almeida e outros, pella parte do Sul com terras dos herdeiros de Andre de Barros e pella parte do Norte com as do Sargt° Mor Pedro Pais, as quais ouveram por herança de seu pai e sogro Antonio Vieira de Mello**, cujas terras assim confrontada[...] ele vendedor por si em nome de sua constituinte que avião vendido três passado ao dito comprador Francisco Pereira Xavier por [...] quantia de trinta e dous mil reis de que ...*

Percebam na transcrição em negrito, que é mencionada a abrangência do terreno vendido (Os Brejos da Mulata, da Palmeira e de João Dias), como também as confrontações (terras de Carlos de Azevedo, de Miguel Leite, do Carurú, terras dos herdeiros de André de Barros e terras do Sargento Mor Pedro Paes). Tais informações me possibilitaram chegar a algumas conclusões ao estudar o documento, e as trago aqui:

- Onde hoje é a margem esquerda do Rio Ipojuca em Caruaru eram terras dos Vieira de Mello (Sesmaria de Bernardo Vieira de Mello); sendo assim, o Carurú se resumia ao lado direito do Ipojuca, na perspectiva de quem sobe do Recife para o sertão.
- Entre os principais senhores de terras do Carurú figuravam o Capitão José de Almeida Pereira, cunhado de José Rodrigues de Jesus, dentre

outros (Não cita quem eram os outros, mas se sabe por documento de solicitação de construção da Capela do Carurú, que José Rodrigues de Jesus era o dono da Fazenda Carurú).

- O Carurú não se referia apenas a Fazenda do Carurú ou à povoação do Carurú, mas a um lugar mais abrangente, uma região, já que vários proprietários de terras possuíam suas Fazendas no Carurú. Importante lembrar que o documento é de 1790 e o Carurú já era uma referência como região.
- A Fazenda Carurú era mais uma de várias Fazendas dentro do Carurú, porém, era a mais importante.

Em maio de 1795 é registrado na Capela do Carurú o casamento de um casal de escravos do Capitão José de Almeida. O documento está em bom estado de conservação e a cerimônia foi realizada pelo primeiro Capelão do Carurú, Bernardo de Carvalho e Andrade. Entre as testemunhas vemos alguns parentes do Capitão, como o genro Luis Carlos da Silva e o filho Lourenço do Valle Pereira.

Prestigiar casamentos e batizados dos escravos parece ser uma das marcas de José de Almeida, que, mesmo sendo seu senhor, não os desconsiderava em momentos e eventos da religião e acontecimentos da vida, comparecendo e levando seus parentes e mais achegados para prestigiar estes momentos.

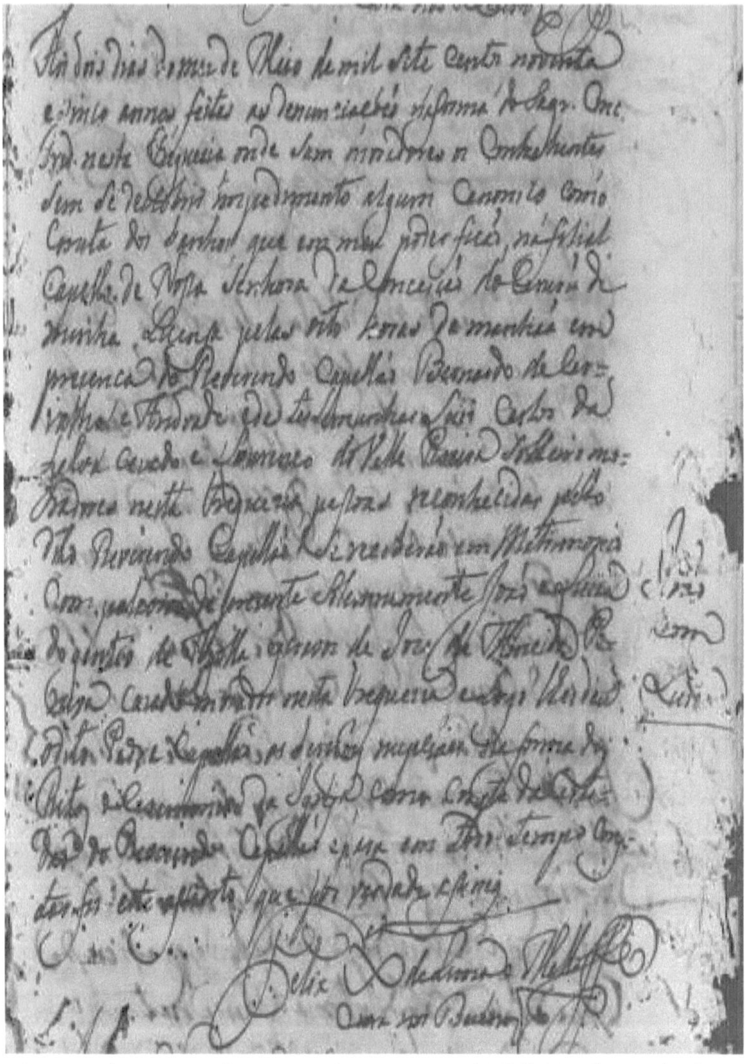

Recorte de Imagem de assento de casamento (1795), Familysearch, Livro de casamentos 1792-1804, p 32.

Aos dois dias do mez de Maio de mil sete centos noventa e sinco annos, feitas as denunciações na forma de Sagr. Conc.

Trid. nesta freguezia, onde sam moradores os contrahentes sem se descobrir impedimento algum canônico, como consta dos banhos, que em meu poder ficão, na filial Capella de Nossa Senhora da Conceição do Carurú de minha licensa pelas oito horas da manhã em prezença do Reverendo Capellão Bernardo de Carvalho e Andrade e das testemunhas Luis Carlos da Sylva cazado e Lourenço do Valle Pereira solteiro moradores nesta freguezia, pessoas reconhecidas pello dito Reverendo capellão Se receberão em Matrimonio com palavras de prezente Solemnemente ***João e Luiza do gentio de Angolla escravos de Joze de Almeida Pereira*** *cazado morador nesta freguezia e logo lhes deu o dito Padre Capellão as bençoes nupciaes na forma dos ritos cerimoniaes da Igreja, como consta da certidão do Reverendo Capellão e para em todo tempo constar fiz este assento, que por verdade assinei.*

Felix X[er] *de Lima e Mello*

Cura nos Bezerros

Nas caixas do Arquivo Orlando Cavalcanti encontrei também parte de um livro antigo de notas da freguesia de Altinho, julgado de Garanhuns, que contém uma escritura de ratificação de venda de terras datada de 09ABR1806, onde figuram como vendedores o casal José de Almeida Pereira, naquela data já falecido, e Maria do Valle Pereira, irmã de José Rodrigues de Jesus e moradora no Carurú. O conteúdo da escritura se refere ao Sítio dos Barreiros, de propriedade de José de Almeida Pereira, que antes de falecer, vendeu aquele sítio a Antônio Alves de Souza, também morador no Carurú. Segue a imagem do documento:

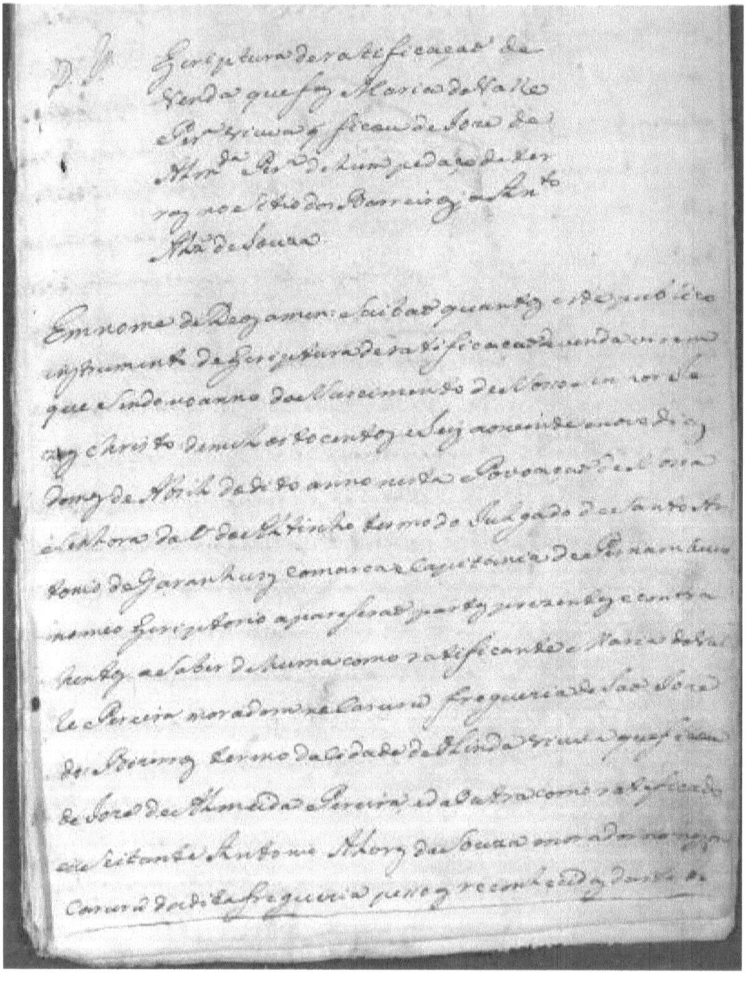

obrigo por sy e por algum [illegible] que tudo a
ficar e sendo por virtude desta escriptura [illegible]
fazer muito de sua livre vontade e sem constrangimento de pessoa alguma e na forma [illegible] de
[illegible] ratificante vendedora que o ratificando comprador tome logo posse do dito pedaço de terras [illegible]
[illegible] por authoridade de justiça ou sem ella [illegible]
[illegible] não [illegible] por dadiva real actual corrente e
[illegible] corporal [illegible] pella clausula [illegible]
que de [illegible] pessoa do comprador ratificado desde
hoje toda a posse dominio [illegible] fructos e rendimentos
que [illegible] de [illegible] dictas [illegible]
por são [illegible] presentes e futuros e [illegible]
ella vendedora ratificante [illegible] fazer [illegible]
firme e valiosa [illegible] ao comprador [illegible]
[illegible] que [illegible] que [illegible] pella
obrigo e lhe mover pessoa alguma renunciava todos os [illegible]
que a seu favor tivesse e ainda o de Velliano que falla
a favor das molheres e pello comprador ratificado foi dito
que elle aceitava esta escriptura de ratificação [illegible]
della e se obriga e declara [illegible] em fé e testemunho de verdade assim o dicerão e outorgarão pedirão [illegible]
que fosse feito este instrumento nesta nota em que a-
ssignarão o comprador ratificado [illegible] por ella
não saber escrever a rogo da vendedora ratificante
[illegible] Lourenço da Valle [illegible]
as testemunhas presentes e [illegible]
[illegible] Pereira e Francisco Xavier de [illegible]
[illegible] assignarão depois de eu ler esta escriptura a todos
e sem [illegible] por não haver [illegible]
de outro Tabellião que [illegible]
[illegible] e eu [illegible] Francisco [illegible]

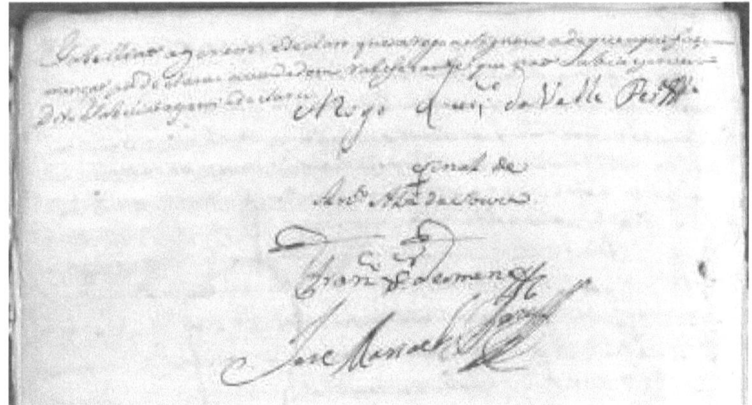

Imagens da Ratificação de Venda de terras de Maria do Valle Pereira (1806), Familysearch, Arquivo Orlando Cavalcanti Cx. 152-e p 145-148.

*Escriptura de ratificação de venda que faz **Maria do Valle Per^{a} viuva q ficou de Jose de Am^{da} Per^{a}** de hum pedaço de terras no Sitio dos Barreiros a An^{to} Al^{s} de Sousa.*

*Em nome de Deos amen: Saibão quantos este publico instrumento de escriptura de ratificação de venda virem que sendo no anno do Nascimento de Nosso Senhor Jesus Christo de **mil oito centos e seis aos vinte nove dias do mes de Abril do dito anno** nesta Povoação de Nossa Senhora do Ó do Altinho termo do Julgado de Santo Antonio de Garanhuns Comarca e capitania de Pernambuco no meo escriptorio apareserão partes presentes e contrahentes a a saber de huma como ratificante Maria do Valle Pereira* *moradora no Caruru freguesia de São Jose dos Bezerros termo da cidade de Olinda viuva que ficou de Jose de Almeida Pereira, e da outra como ratificado e aseitante Antonio Alvares de Souza morador no mesmo Caruru da dita freguezia pessoas reconhecidas destas testemunhas ao diante nomeadas e asignadas [?] de mim Tabelião pelas proprias de que do fe, e pella referida ratificante vendedora foi dito em minha presensa e das mesmas testemunhas que ella e o dito falescido seo marido erão senhores e possuidores de hum pedaço de terras no Sitio dos Barreiros sito entre Ipojuca e Capibaribe que houvera por compra que delas fisera o dito seo marido a Luis de Abreo de que lhe passara papel privado o qual se acha (?) a hum libello de reivindicação que lhe propoz pello Juiso de Orfãos da Cidade de Olinda Manoel Ferreira da Silva Escrivão Jose Ignacio de Carvalho, cujo pedaço de terras he de plantar e criar* ***pegando da Lagoa do Serrote do Boi para a parte do nascente em rumo direito ate a barra do riacho chamado de Simãosinho, e sobe pello Riacho dos Barreiros para a parte do puente, fasendo testada com Jose de Almeida da parte de sima e dahi procura para a parte do sul athe confrontar com a própria Lagoa do Serrote do Boi, e ahi faz testada com Donna Joanna Francisca, aqual ella ratificante***

***vendedora asim confrontado** e o dito falescido seo marido haviao vendido a Antonio Alvares de Souza por **preço e quantia de oitenta mil reis que do mesmo comprador receberão, e** ella ratificante por falescimento de seo marido recebeo o resto da mesma venda do comprador que se lansou no inventario que se fes dos bens de seo casal pello mesmo juiso de órfãos da cidade de Olinda do que lhe dava plena e geral quitação de paga para nunca mais lhe ser pedida por si e seos Erdeiros; e porque o seo falescido marido e ella não fiserão da mesma escriptura publica e sômente passarão ao comprador hum papel de venda de mão datado digo de mão que por ser verdadeira a ratificava pella presente escriptura de hoje para sempre para q a logre e possua como sua que [?] fica sendo por verdade desta escriptura [...] faser muito de sua livre vontade sem constrangimento de pessoa alguma e nesta forma não duvida, ella ratificante vendedora que o ratificado comprador tome logo posse do dito pedaço de terras vendidas por si, ou por autoridade de justiça, e que a tome quer não [?] por dada real actual cível natural corporal e peçoal pella clauzula constituite e que de si na pesoa do comprador ratificado demitia toda a posse e domínio usofruto e rendimento que no dito pedaço de terras tinha e podia ter, e que por sua* *pessoa e bens presentes e futuros se obriga ella vendedora ratificante a faser esta venda boa firme e valiosa e a tirar ao comprador ratificado a salvo de qualquer duvida que se lhe mover pella a digo selhemover para o que renunciava todas as leis que a seo favor tiver e ainda as de vallia no que fala a favor das mulheres, e pello comprador ratificado foi dito que ele aseitava esta escriptura de ratificação como nella se contem e declara. Em fé e testemunho da verdade assim o diserão e otorgarão pedirão e aseitarão que fosse feito este instrumento nesta nota em que asignarão o comprador ratificado de sua cruz por declarar nao saber escrever, e a rogo da vendedora ratificante assignou seo filho Lourenço do Valle Pereira com as testemunhas presentes e de seo reconhecimento Jose Manoel Pereira, e Francisco Xavier de Omena que tão bem asignarão depois de eu ler esta perante todos sem me ser esta destribuida por não haver neste julgado outro Tabellião que levei desta mil e duzentos reis, e[?] Jose Francisco de Oliveira Tabellião os escrevi; e declaro que a rogo assignou a de que aqui faço mençao por declarar a vendedora ratificante que nao sabia escrever.*

Dito Tabelião escrevi e declarei.

A Rogo Lou^{ço} do Valle Per^{a}

Sinal de

+

An^{to} Al^{s} de Sousa

Fran^{co} X^{er} de Omena

Jose Manoel

Deste documento apresentado, retirei algumas informações importantes. A primeira foi a percepção de que o Capitão José de Almeida tinha muitas terras, além de casa no centro da povoação do Carurú. Extraí ainda a informação da localização geográfica exata de terras que o pertenceram, podendo fazer assim ligações familiares e construir a história de localidades como a do sítio Serrote dos Bois, por exemplo, que segundo este documento, foi primeiramente pertencente a Luis de Abreu Pereira e posteriormente passado ao Capitão José de Almeida. Em documento paroquiais de casamentos e batismos, constatei que Luís de Abreu é casado com Anna de Lira e ambos naturais de Santo Antão. O mesmo Luis de Abreu, tinha terras e era morador no Brejo da Mulata, região de brejo bem próxima ao Carurú. Chama a atenção que Luis de Abreu Pereira e José de Almeida Pereira possuem um sobrenome em comum e tem a mesma naturalidade, em

Santo Antão, o que sugere parentesco. Ainda apreendi deste documento que algumas transações de terras e outras posses foram registradas na freguesia de Altinho em determinado momento entre o final do século XVIII e início do século XIX, como é o caso desta ratificação de venda de terras.

Segundo Capítulo

Genealogia do Capitão José de Almeida Pereira

(Capitão) **José de Almeida Pereira**[1] (★ Aprox. 1730 Santo Antão) & Maria do Valle[2] (★ Aprox. 1732 Cabo) & Moradores no Lugar do Carurú, pais de:

F Sutério (★1776 Caruaru) Batizado no Lugar do Carurú em 28ABR1776.

F Felisia Maria da Conceiçam (★NOV1781 Caruaru) Batizada em 17NOV1781 & Antonio Jose da

---

[1] Capitão José de Almeida Pereira é filho de José de Almeida Pereira (Nat. Cabo) & Maria do Valle (Nat. Cabo), conforme cita o batismo do filho Sutério em 28ABR1776. Existe possibilidade de o escrivão ter se equivocado no ato do registro, pois verifica-se que os nomes dos pais são exatamente iguais aos do Capitão e sua esposa, sendo necessário comparar com outros documentos que esclareçam melhor sua filiação. Ainda não localizei outros registros para confirmação da filiação do Capitão.

[2] Maria do Valle é filha de Placido Rodrigues de Jesus (Nat. Luz) & Lourença do Valle Pereira (Nat. Santo Antão), conforme cita o registro de batismo do filho Sutério em 28ABR1776.

Conceiçam[3] (★São Pedro, Olinda) (⚭ 10OUT1798 na Capela do Carurú)

F Maria da Conceição da Santa Cruz (★Santo Antão) & Francisco José Florêncio[4] (★Várzea), pais de:

N (...........) (★1779) Batizado em 03DEZ1779.

N Jo(.......) (★ 1782) Batizado no Lugar do Carurú em 29JUL1782.

N Jose (★ 25NOV1783) Batizado na Capela do Carurú em 07DEZ1783.

N Anna (★29JAN1785 Caruaru) Batizada na Capela do Carurú em 06FEV1786.

N Eugenia (★12MAR1787 Caruaru) Batizada na Capela do Carurú em 30MAR1787.

N Antonio (★19JUL1788 Caruaru) Batizado na Capela do Carurú em 03AGO1788.

N (...........) (★1789) Batizado em 1789.

N João Joaquim Florencio (★Caruaru) & Antonia Maria[5] (★Caruaru) (⚭ 16MAI1803 na Capela do Carurú)

---

[3] Antonio Jose da Conceiçam é filho de Manoel Henriques Cardim & Cicilia Maria do Amparo, conforme cita o registro de casamento dele em 10OUT1798.

[4] Francisco José Florêncio é filho de José Gonçalves Florêncio (Nat. Várzea) & Eugênia de Almeida Pereira (Nat. Várzea), conforme cita o batismo de um filho em 03DEZ1779.

[5] Antonia Maria é filha do Alferes José Bezerra de Vasconcellos (Nat. Bezerros) & Joanna da Purificação (Nat. Olinda), conforme cita o registro de casamento dela em 16MAI1803.

N Jose Gonçalves Florencio (★Caruauru) & Severina Maria de Jesus[6] (★Caruaru) (⚭ 27OUT1803 na Capela do Carurú)

F Manoel de Almeida Pereira (★Cabo) & Anna Francisca do Nascimento[7] (★Santo Antão), moradores no Carurú, pais de:

N (...........) (★1773) Batizada em 27NOV1773.

N Vicente (★1777) Batizado em casa de João de Souza, no Lugar do Carurú em SET1777.

N Cosma (gêmea) (★20JUL1779) Batizada no Lugar do Carurú aos 28SET1779.

N Ritta (gêmea) (★20JUL1779) Batizada no Lugar do Carurú aos 28SET1779.

N Gonsallo Luis (★16ABR1782) Batizado no Lugar do Carurú em 20ABR1782.

N José Manoel de Almeida (★Caruaru) & Thereza Maria de Jesus[8] (★Santo Antão) (⚭ 19JAN1800 na Capela do Carurú) Os noivos são parentes no 2º grau de consanguinidade.

---

[6] Severina Maria de Jesus é filha de Ignácio Paes dos Santos (Nat. Várzea) & Antonia Maria (Nat. Caruaru), conforme cita o registro de casamento dela em 27OUT1803.

[7] Anna Francisca do Nascimento é filha de Balthazar Pereira de Mattos (Nat. Luz) & Maria de Azevedo (Nat. Santo Antão), conforme cita o batismo das filhas Cosma e Ritta em 28SET1779.

[8] Thereza Maria de Jesus é filha de Gonçallo Fernandes Cabral (Nat. Santo Antão) & Maria Francisca (Nat. Santo Antão), conforme cita o registro de casamento dela em 19JAN1800.

F Maria do Valle Pereira (★Caruaru) & Joze Bernardo de Vasconcellos[9] (★Santo Antão) (⚭ 1782 no Lugar do Carurú), pais de:

N Maria (★DEZ1782 Caruaru) Batizada na Capela do Carurú em 25DEZ1782.

N Thereza Maria de Jesus (★17DEZ1783 Caruaru) Batizada na Capela do Carurú em 25DEZ1783 & Manoel Severino Gonçalves[10] (★ 30AGO1782 Caruaru) Batizado na Capela do Carurú em 05OUT1782 (⚭ 26NOV1799 na Capela do Carurú). Os noivos são parentes em 3º grau de consanguinidade atingente ao 2º.

N Bernardo[11] (gêmeo) (★DEZ1784 Caruaru) Batizado em 29JAN1785 na Capela do Carurú.

N Manoel do Carmo Santiago (gêmeo) (★ DEZ1784 Caruaru) Batizado em 29JAN1785 na Capela do Carurú & Maria da Cruz da Anunciação[12] (★31JAN1788 Caruaru) Batizada

---

[9] Joze Bernardo de Vasconcellos é filho de Antônio da Silva (Nat. Santo Antão) & Thereza de Jesus Maria (Nat. Santo Antão), conforme cita o registro de casamento em 1782.

[10] Manoel Severino Gonçalves é filho de Dionízio Gonçalves de Freitas (Nat. Santo Antão) & Lourença de Almeida Pereira (Nat. Santo Antão), conforme cita o registro de casamento dele em 26NOV1799.

[11] O registro de batismo de Bernardo cita que o mesmo, por se encontrar em perigo de vida ao nascer, foi batizado por José Rodrigues. Esse José Rodrigues citado, provavelmente se refere ao Capitão-Comandante José Rodrigues de Jesus, que era tio-avô da criança.

[12] Maria da Cruz da Anunciação é filha de João Alvares Vidal (Nat. Santo Antão) & Francisca Thereza de Jesus (Nat. Santo Antão), conforme cita o registro de casamento dela em 14NOV1803.

na Capela do Carurú em 10FEV1788 (⚭ 14NOV1803 na Capela do Carurú)

N Antonio (★ 02JUN1786 Caruaru) Batizado em 05JUN1786 na Capela do Carurú.

N Francisco (★JUL1787 Caruaru) Batizado em perigo de vida pela parteira Cosma Cabral, e confirmado na Capela do Carurú em 19AGO1787.

N Joam (★30JUN1789 Caruaru) Batizado na Capela do Carurú em 08JUL1789.

N Joaquim (★AGO1795 Caruaru) Batizado na Capela do Carurú em 27SET1795.

F Antonia Maria (★Caruaru) & Ignácio Paes dos Santos[13] (★Várzea) (⚭ MAI1784 na Capela do Carurú), pais de:

N Joanna (★1785) Batizada na Capela do Carurú em 05AGO1785.

N Josefa (★ 25AGO1792) Batizada na Capela do Carurú em 29AGO1792.

N Severina Maria de Jesus (★Caruaru) & Jose Gonçalves Florencio[14] (★Caruauru) (⚭ 27OUT1803 na Capela do Carurú)

---

[13] Ignácio Paes dos Santos é filho de José Paes Falcão (Nat. Várzea) & Marianna Pereira dos Santos (Nat. Várzea), conforme cita o registro de casamento dele em MAI1784.

[14] Jose Gonçalves Florencio é filho de Francisco José Florêncio (Nat. Várzea) & Maria da Conceição da Santa Cruz (Nat. Santo Antão), conforme cita o registro de casamento dele em 27OUT1803.

F Eugênia Maria (de Almeida) (★Caruaru) & Luís Carlos da Sylva[15] (★Santo Antão) (⚭ ABR1784), pais de:

N Antonio (★JUN1786 Caruaru) Batizado na Capela do Carurú em 21JUL1786.

N Maria (★NOV1787) Batizada na Matriz dos Bezerros em 12DEZ1787.

N Jose (★18NOV1792 Caruaru) Batizado na Capela do Carurú em 26NOV1792.

N Maria (★ 28SET1794 Caruaru) Batizada na Capela do Carurú em 14OUT1794.

N João (★09ABR1796) Batizado na Capela do Carurú em 17ABR1796.

F Jose de Almeida Pereira (★Caruaru) & Jozefa Maria[16] (★Caruaru) (⚭ 20NOV1786 na Capela do Carurú) Parentes em 3º grau de consanguinidade, pais de:

N Gonçallo (★09JAN1788 Caruaru) Batizado em perigo de vida pela parteira Cosma Cabral, e confirmado pelo Cura Felix Xavier de Lima e Mello em 13FEV1788 na Capela do Carurú.

N Joanna (★13JUN1795 Caruaru) Batizada na Capela do Carurú em 21JUN1795.

---

[15] Luís Carlos da Sylva é filho de Antônio da Silva & (......) de Jesus Maria, conforme cita o registro de casamento dele em 1784.

[16] Jozefa Maria é filha de Antônio Alvares de Souza (Nat. Cabo de Santo Agostinho) & Rosa Maria de Jesus (Nat. Várzea), conforme cita o registro de casamento dela em 20NOV1786.

F Lourença de Almeida Pereira (★Santo Antão) & Dionízio Gonçalves de Freitas[17] (★Santo Antão. † 11NOV1840 Malhada de Pedra, Caruaru), moradores no Lugar do Carurú e posteriormente em Malhada de Pedra, pais de:

N Lourenço (★1774) Batizado em 25DEZ1774.

N (...............) (★JUL1776) Batizado no Lugar do Carurú em 04AGO1776.

N Antônio Gonçalves de Freitas (Citado no batismo de Antônia, filha da escrava Euzébia, em ABR1776)

N Maria Francisca da Conceição (★Caruaru) & Manuel Luís de Souza[18] (★Santo Antão) (⚭ ABR1792 na Capela do Carurú)

N Rosa Maria dos Santos (★ Caruaru) & Lourenço do Valle Pereira[19] (★ Cabo) (⚭ 26NOV1792 na Capela do Carurú) Os noivos são parentes em 3º e 4º graus de consanguinidade. Pais de:

Bn Maria (★ 24SET1793 Caruaru) Batizada na Capela do Carurú em 12OUT1793.

---

[17] Dionízio Gonçalves de Freitas é filho de João Alvares Vidal (Nat. Santo Antão) & Felipa Neri do Espirito Santo (Nat. Ororubá), conforme cita o batismo do filho Lourenço em 25DEZ1774.

[18] Manuel Luis de Souza é filho de Luis de Jesus Carneiro & Maria (......), conforme cita o registro de casamento dele em ABR1792.

[19] Lourenço do Valle Pereira é filho de Placido Rodrigues de Jesus (Nat. Luz) & Lourença do Valle Pereira (Nat. Santo Antão), conforme cita o registro de casamento dele em 26NOV1792.

Bn Jose (★ABR1795 Caruaru) Batizado na Capela do Carurú em 17MAI1795

N Lourença Maria & Manoel Rodrigues da Fonseca[20] (⚭ 10FEV1800 na Capela do Carurú) Os noivos são parentes no 4º grau atingente ao 3º de consanguinidade e no 3º duplicado.

N Ursula Maria das Virgens (★Caruaru. Citada na 2ª lista da Grande Crisma da Freguesia dos Bezerros em 11MAI1782) & Luiz Carneiro dos Santos[21] (★Luz) (⚭ 22SET1794 na Capela do Carurú)

N Manoel Severino Gonçalves (★30AGO1782 Caruaru) Batizado na Capela do Carurú em 05OUT1782 & Theresa Maria de Jesus[22] (★ Caruaru) (⚭ 26NOV1799 na Capela do Carurú). Os noivos são parentes em 3º grau de consanguinidade atingente ao 2º.

N José Gonçalves de Freitas & Maria José dos Prazeres[23] (⚭ 01OUT1800 na Capela do Carurú). Os cônjuges foram dispensados do parentesco no 3º e 4º graus de consanguinidade atingente ao 3º.

---

[20] Manoel Rodrigues da Fonseca é Filho de João Alvares da Fonseca (Nat. Cabo) & Rosa dos Santos (Nat. Caruaru), como cita o registro de casamento dele em 10FEV1800.

[21] Luiz Carneiro dos Santos é filho de Manuel do Valle Ribeiro & Elena dos Santos, conforme cita o registro de casamento dele em 22SET1794.

[22] Theresa Maria de Jesus é filha de Joze Bernardo de Vasconcelos & Maria do Valle, como cita o casamento dela em 26NOV1799.

[23] Maria José dos Prazeres é filha de Jose Alves Pereira & Luzia Maria do Carmo, como cita o registro de casamento dela em 01OUT1800.

N Alexandre Gonçalves de Freitas (★Caruaru) & Maria do Carmo de Jesus[24] (★Caruaru) (⚭ 18JUN1803 na Capela do Carurú) Os nubentes foram dispensados do grau de parentesco em que estavam ligados.

N Dionízio Gonçalves de Freitas (Citado na 2ª lista da Grande Crisma da Freguesia dos Bezerros em 11MAI1782) & Victoriana Ribeira Callada, são os pais de:

Bn Jose (★ 22AGO1794) Batizado na Capela do Carurú em 05SET1794.

Bn Luiza de França Ribeira & Elias do Valle Pereira[25] (⚭ 01NOV1826 na Capela do Carurú)

F Lourenço do Valle Pereira (★Caruaru) & Anna Luzia de Jesus[26] (★Caruaru) (⚭ 11NOV1798 na Capela do Carurú). Os noivos são parentes no 3º grau de consanguinidade, moradores no Carurú, pais de:

N Severino (★ 05ABR1811 Caruaru) Batizado na Capela do Carurú em 14ABR1811.

N Rosa (★AGO1816 Caruaru) Batizada na Capela do Carurú em 29SET1816.

---

[24] Maria do Carmo de Jesus é filha de Inacio Paes dos Santos & Antonia Maria de Jesus, como cita o registro de casamento dela em 18JUN1803.

[25] Elias do Valle Pereira é filho de João Lopes Furtado & Ritta Maria da Conceição, como cita o casamento dele em 01NOV1826.

[26] Anna Luzia de Jesus é filha de Antônio Alvares de Souza (Nat. Cabo de Santo Agostinho) & Rosa Maria de Jesus (Nat. Várzea), conforme cita o registro de casamento dela em 11NOV1798.

N Francisca (★22OUT1818 Caruaru) Batizada na Capela do Carurú em 01NOV1818.

N Lourenço (★SET1821 Caruaru) Batizado na Capela do Carurú em 07OUT1821.

Terceiro Capítulo

Análise e conclusão

A cronologia do Capitão José de Almeida Pereira, 'garimpada' e organizada, me traz um panorama do final do século XVIII e início do século XIX, da região que hoje é o município de Caruaru. A época aproximada do nascimento do Capitão se pode inferir fazendo cálculos baseados nos eventos de batismos e casamentos dos filhos. O último filho nascido, pelo menos do que foi encontrado em documentos, data do ano de 1776, o que levando em consideração que haviam outros filhos nascidos anteriormente, a data de casamento do Capitão pode ter sido cerca de 20 a 23 anos antes de 1776, ou seja, por volta de 1753. O nascimento do Capitão, possivelmente se deu entre 20 e 25 anos antes do casamento, ou seja, aproximadamente 1730. A influência e liderança deste Capitão é claramente percebida pelos documentos exibidos e pelas ligações com pessoas e famílias que marcaram a história de Caruaru, como é o caso dos Rodrigues de Jesus. A presença deste ilustre personagem da sociedade rural de então, em eventos e negócios, denotam o grau de sua representatividade naquela comunidade. A pioneira presença dos Almeida Pereira na região agreste também investe o Capitão de prestígio e fama, o que vi e comprovei através de sua presença como padrinho em batismos e menção sobre ele em documentos de terras. O Capitão também se mostra um homem religioso, quando aparece em 1788 batizando um recém-nascido, filho de uma de suas escravas, como também, quando promove o casamento de um casal de escravizados seus. A ligação parental do Capitão José de Almeida Pereira com o Capitão-Comandante José Rodrigues de Jesus (cunhados), não se limita ao sangue, mas os vejo juntos nos registros, o que denota amizade e companheirismo. Sem dúvidas, o vulto que esse grande homem representa para Caruaru, o elege como uma das principais personagens da história da primitiva povoação do Carurú. Seu poder e influência o agiganta diante de outros grandes. Pelo desprendimento de ter saído de Vitória de Santo Antão e ter construído riqueza e constituído família em terras de Caruaru, em tempos tão distantes, e em condições bastante rústicas, meus sinceros agradecimentos, Capitão. Caruaru te louva.

Referências Bibliográficas

LIVROS DE REGISTRO DE BATISMOS DA MATRIZ DE SÃO JOSÉ DOS BEZERROS. Período entre 1772 e 1780. Disponível em: <https://www.familysearch.org/search/catalog/1473040?availability= Family%20History%20Library> Acessado em: 02FEV2023.

LIVROS DE REGISTRO DE BATISMOS DA MATRIZ DE SÃO JOSÉ DOS BEZERROS. Acervo da Paróquia de São José dos Bezerros. Período entre 1780 e 1788.

LIVROS DE REGISTRO DE BATISMOS DA MATRIZ DE SÃO JOSÉ DOS BEZERROS. Acervo da Paróquia de São José dos Bezerros. Período entre 1789 e 1795

LIVROS DE REGISTRO DE BATISMOS DA MATRIZ DE SÃO JOSÉ DOS BEZERROS (CARURÚ). Acervo da Paróquia de São José dos Bezerros. Período entre 1822 e 1828.

LIVROS DE REGISTRO DE CASAMENTOS DA MATRIZ DE SÃO JOSÉ DOS BEZERROS. Período entre 1782 e 1791. Disponível em: < https://www.familysearch.org/ark:/61903/3:1:3QSQ-G93Z-2HCN?mode=g&cat=1473040> Acessado em 27FEV2023.

LIVROS DE REGISTRO DE CASAMENTOS DA MATRIZ DE SÃO JOSÉ DOS BEZERROS. Período entre 1792 e 1804. Disponível em: < https://www.familysearch.org/ark:/61903/3:1:3QSQ-G93Z-2HDR?mode=g&cat=1473040> Acessado em: 22FEV2023.

LIVROS DE REGISTRO DE CASAMENTOS DA MATRIZ DE SÃO JOSÉ DOS BEZERROS. Período entre 1804 e 1818. Disponível em: <https://www.familysearch.org/ark:/61903/3:1:3QSQ-G93Z-2H6N?mode=g&cat=1473040> Acessado em: 15FEV2023.

LIVROS DE REGISTRO DE CASAMENTOS DA MATRIZ DE SÃO JOSÉ DOS BEZERROS. Período entre 1824 e 1828. Disponível em: < https://www.familysearch.org/ark:/61903/3:1:3QSQ-G93Z-2HFP?mode=g&cat=1473040> Acessado em: 25JAN2023.

PROCURAÇÃO DE MATHIAS DE ALMEIDA PEREIRA (1750). Arquivo Orlando Cavalcanti, Cx. 157-b, p 97-98. Disponível em: < https://www.familysearch.org/ark:/61903/3:1:33SQ-G5GS-R1C?i=96&cat=2058221> Acessado em 14FEV2023.

RATIFICAÇÃO DE VENDA DE TERRAS DE MARIA DO VALLE PEREIRA (1806). Arquivo Orlando Cavalcanti, Cx. 152-e p 145-148. Disponível Em: <https://www.familysearch.org/ark:/61903/3:1:33S7-9553-9XH5?i=145&cat=2058221> Acessado em: 27FEV2023.

REQUERIMENTO DE CONFIRMAÇÃO DE CARTA PATENTE DE MANOEL DE ALMEIDA PEREIRA (1747), AHU Arquivo Histórico Ultramarino, Projeto Resgata, AHU_ACL_CU_015, Cx. 68\Doc. 5738. Disponível em: < http://resgate.bn.br/docreader/DocReader.aspx?bib=015_PE&pesq=manoel%20de%20almeida%20pereira&pagfis=49714> Acessado em: 06MAR2023.

RODRIGUES, Fábio Miranda. Baú de Memórias. Caruaru: Clube de Autores, 2021. Disponível em: clubedeautores.com.br

Contato com o autor: fabiocbmpe@gmail.com

www.ingramcontent.com/pod-product-compliance
Ingram Content Group UK Ltd.
Pitfield, Milton Keynes, MK11 3LW, UK
UKHW042006190726
13854UKWH00005B/2188